Ich mach das gut

Das schaff ich schon

Vom Streiten
und Liebhaben

Jeder ist ganz besonders

So bin ICH
Einmalig, selbstbewusst und stark
SPIELEN & LERNEN
Band 1
3. Auflage 2005
Velber-Verlag

Freiburg im Breisgau
Konzept und Text: Astrid Hille & Dina Schäfer
Illustrationen: Antje Bohnstedt
Layout: Anja Schmidt
Repro: Bild & Text Baun, Fellbach
Druck und Bindung: Proost, Belgien
ISBN 3-86613-244-1
ISBN 978-3-86613-244-3 (gültig ab 1. 1. 2007)

velber

SPIELEN & LERNEN

So bin ICH

Einmalig, selbstbewusst und stark

Astrid Hille & Dina Schäfer
Antje Bohnstedt

Saras Locken

Wenn Sara Brot einkauft, sagt die Bäckersfrau oft: „Du hast aber hübsche Locken!“ Wenn Tante Helga zu Besuch kommt, nennt sie Sara einen süßen Lockenkopf. Und für Oma sieht Sara aus wie ein Engel.
Alle reden nur von meinen Locken, denkt Sara. Jch mag aber nicht süß sein und schon gar nicht aussehen wie ein Engel.
Verärgert betrachtet sie ihr Spiegelbild.

„Warum sind ausgerechnet meine Haare so doof gelockt?“, schimpft sie. „Jch will glatte Haare wie die anderen.“
„Deine Locken sind wunderschön“, sagt die Mama.
„Überhaupt nicht“, mault Sara. „Sie wachsen kreuz und quer durcheinander. Das gefällt mir nicht.“
„Jch kann deine Haare zusammenbinden“, schlägt die Mama vor.
„Nein!“, schreit Sara. „Das sieht aus wie ein Schweineschwänzchen!“
Wütend nimmt sie die rote Schildkappe und zieht sie über den Kopf.
Jetzt kringeln sich nur noch ein paar Strähnen lustig um Saras Gesicht.

So geht sie in den Kindergarten. Heute ist dort Theaternachmittag.
Sara freut sich auf das Puppenspiel, das aufgeführt wird.
Gespannt warten die Kinder, bis es losgeht. Als der Vorhang sich öffnet, klatschen alle laut. Es sind witzige Figuren, die eine freche Geschichte vorspielen. Die Kinder haben eine Menge Spaß. Auch Sara lacht und

kichert. Eine Puppe hat sie besonders ins Herz geschlossen. Sie ist pfiffig und hilft ihren Freunden aus der Patsche. Außerdem hat das Puppenmädchen so krumme Haare wie Sara.
Als ihre Lieblingsfigur den bösen Räuber in den Bauch boxt, dass er umfällt, juchzt Sara ausgelassen. Und als sie mit drei Purzelbäumen einen Berg hinunterkugelt und dem Räuber entwischt, ruft Sara begeistert: „Bravo!“
Auch die anderen Kinder schreien und trampeln mit den Füßen. Sie bewundern das Mädchen.
„Die ist Spitze“, sagt ein Junge, der neben Sara sitzt. „Und sie hat genau solche Locken wie du.“
„Stimmt“, antwortet Sara.
Der Junge schaut Sara neugierig an.
„Kannst du auch so super Sachen?“, will er dann wissen.
„Klar“, sagt Sara. „Jch kann Trampolin springen. Und trommeln. Ganz laut!“

Eva Karnetzky

So seh ich aus!

● Stell dich vor den Spiegel und schau dich einmal ganz genau an. Welche Farbe haben deine Haare? Und deine Augen? Hast du große oder kleine Ohren? Einen schmalen oder einen breiten Mund?

● Nimm Buntstifte und ein Blatt Papier und male ein Bild von dir.

Im  seh ich mich.

Im Spiegel, das bin ich.

, 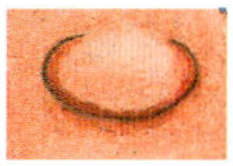,  und  ,

, um darin zu bohren.

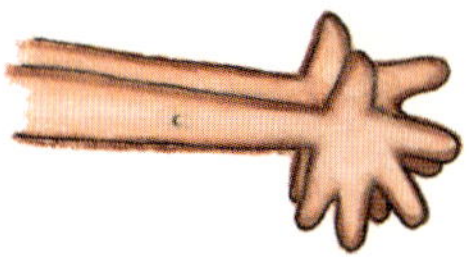, 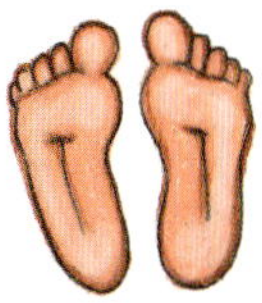,  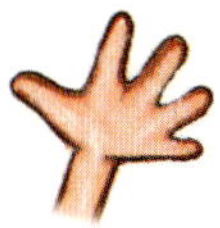, 

und des Weiteren noch meine

, der 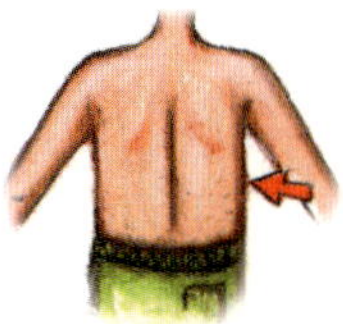 ebenso

und der , der 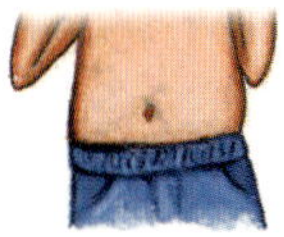, der !

Dies alles und noch vieles mehr

gehört zu mir, geb ich nicht her.

Regina Schwarz

Das bin ich

Mein Ich-Heft!

● Du kannst ein Jch-Heft gestalten. Da kommen Bilder von Dingen rein, die dir wichtig sind oder die zeigen, was du gerne machst.

• Die erste Seite kannst du mit deiner Hand bedrucken. Male eine Hand mit Wasserfarbe an und drücke sie fest auf das Papier.

• Auf die nächste Seite kannst du dein Lieblingskuscheltier oder deine Lieblingspuppe malen.

• Magst du Musik? Dann kannst du auf die nächsten Seiten Bilder von deinen liebsten Jnstrumenten malen oder kleben.

• Auf den Umschlag klebst du das Bild, das du von dir gemalt hast, oder ein Foto von dir.

• Wenn du Tiere oder Blumen magst, kannst du schöne Bilder dazu suchen und einkleben.

• Du kannst zeigen, welcher Sport dir gefällt. Wenn du Fußball magst, kannst du einen Ball und ein Tor aus einer Zeitschrift einkleben.

• Du kannst auch zeigen, was du in den Ferien gerne machst. Wenn du gerne am Strand spielst, kannst du Muscheln und etwas Sand aufkleben und dich dazumalen.

• Und wenn du willst, dann male noch euer Haus oder dein Zimmer.

Wie ein Ei dem anderen ...

Heute kam Mamas alte Schulfreundin Ruth aus München. Die beiden hatten sich viele Jahre nicht gesehen. War das ein Geschrei bei der Begrüßung. „Du hast dich überhaupt nicht verändert“, haben sie immer wieder gesagt und sich in den Arm genommen.
So aufgeregt habe ich Mama noch nie erlebt. Mich hatte sie wohl ganz vergessen, also habe ich mich auf die Treppe gesetzt und den beiden zugeschaut.
Auf einmal entdeckte mich Mamas Freundin. „Wen haben wir denn da?“, fragte sie und guckte mich an, als käme ich direkt vom Mond.
„Das ist meine Tochter Lisa“, sagte Mama stolz und nahm meine Hand. Und dann lachte sich diese Ruth fast kaputt und ich wusste nicht, warum. „Die sieht ja aus wie du früher, Karin“, prustete sie, als sie wieder Luft bekam. „Genauso klein und dünn, die gleichen Augen, die gleichen Haare und sogar die gleichen Sommersprossen.“

O je, wie oft ich diesen Satz schon gehört habe!
Jn diesem Moment flitzte Minou, die kleine Nachbarskatze, an uns vorbei, gefolgt von Wuschel, unserem Hund. Und schwupps war sie wieder auf dem hohen Baum an der Straße. Erst letzte Woche hatte es ein Riesentheater mit der Nachbarin gegeben, weil Minou stundenlang auf dem Baum saß und sich nicht mehr runter traute. Schließlich musste die Feuerwehr kommen, um Minou zu holen.
Und schuld war unser Wuschel. Das durfte nicht schon wieder passieren! Jch sprang in meine Turnschuhe, rannte zur Straße und kletterte hinter Minou den Baum hinauf, hoch und immer höher.
Endlich hatte ich sie eingeholt und konnte sie einfangen. Ganz vorsichtig stieg ich mit Minou auf dem Arm den Baum hinunter.

War ich froh, als ich wieder auf der Erde stand, so hoch war ich noch nie geklettert. Als ich unten ankam, waren dort schon alle versammelt: die Nachbarin, Mama und Ruth.
Mamas Lippen waren ganz bleich. „Lisa“, sagte sie, „gut, dass du heil wieder unten bist.“

Ruth stupste Mama an. „Das hättest du früher nie und nimmer gemacht, Karin“, meinte sie. „Du warst ein richtiger Angsthase, wenn es hoch hinauf ging.“ Dann schaute sie uns beide an. „Wie ein Ei dem anderen und doch ganz verschieden.“

Astrid Hille, Dina Schäfer

Einer wie der andere und doch ganz verschieden

- Wie ist das in deiner Familie? Siehst du eher aus wie dein Papa oder wie deine Mama? Oder hast du Ähnlichkeiten mit deiner Oma oder deinem Opa?

- Schau dir einmal alte Familienfotos an. Vielleicht sah dein Papa oder deine Oma als Kind ganz ähnlich aus wie du heute.

- Du kannst ein Familienplakat gestalten. Nimm ein Foto von dir und klebe es auf einen großen Karton. Dann klebst du Fotos von deinen Eltern, Großeltern, Geschwistern, Tanten und Onkels, Kusinen und Cousins drum herum.

Meine Familie

Familie Rot im Zoo

Herr Rot macht mit seinen Kindern Paul, Anna und den Zwillingen Kevin und Lars einen Ausflug in den Zoo. Auch Opa kommt mit. Er möchte den Kindern die Löwenbabys zeigen.

- Die Löwenbabys kann man kaum unterscheiden, sie gleichen sich bis aufs Haar. Aber eines der Babys, Leo, liegt die ganze Zeit in der Sonne, während Lia und Lu, die anderen zwei, herumtoben und sich balgen. Findest du sie?

- Auch Familie Rot sieht sich sehr ähnlich. Findest du den wilden Kevin, den vorsichtigen Lars, die Naschkatze Anna und den frechen Paul?
Und wo sind Papa und Opa?

ZOO

Max geht einkaufen

Mama schickt Max zum Einkaufen. Sie möchte Kuchen backen und hat keinen Zucker mehr.
Langsam trödelt Max zum Supermarkt. Dort hat er schon oft Zucker gekauft. Er kann ihn selbst aus dem Regal nehmen. Keiner Verkäuferin muss er sagen, was er haben will. Denn dann ist Max oft verlegen. Dabei stottert er oder bringt keinen Ton raus. Das ist ihm sehr peinlich. Darum wird er auch noch puterrot. Mit Grausen denkt Max daran. Darum kauft er viel lieber im Supermarkt ein.
Ohne Probleme findet er das Zuckerregal. Den Weg kennt er genau. Doch das Regal ist vollgestopft mit Nudeln.
Max ist verdutzt. „Wo ist denn der Zucker?“ Zum Glück entdeckt er ihn gegenüber.

Jm obersten Regalfach! Wo Max mit der Hand nicht hinreicht, auch wenn er sich noch so sehr streckt. „Was mach ich denn jetzt!“, schimpft er leise.
Unschlüssig steht er vor dem Regal.
Da kommt ein Verkäufer eilig den Gang entlang. „Kann ich dir helfen?“, fragt er Max im Vorbeigehen.
Max traut sich nicht gleich zu antworten. Deshalb läuft der Mann einfach weiter.
„So was Dummes!“, seufzt Max.
Hoffnungsvoll schaut er der Frau entgegen, die sich jetzt nähert. Er ist fest entschlossen, sie anzusprechen.
Als er gerade den Mund aufmachen will, sagt die Frau lächelnd: „Na, du kleiner Mann!“
Das bringt Max völlig durcheinander. Schüchtern zupft er an seinem Pulli und starrt die Frau nur stumm an. Bis sie um die Ecke verschwunden ist. Max ist ganz unglücklich, dass er auch diese Gelegenheit verpasst hat. Betrübt kaut er an der Unterlippe. Plötzlich hört er hinter sich ein fröhliches „Hallo, Max!“ Überrascht dreht er sich um.
Vor ihm steht Tina aus dem Kindergarten.
„Kaufst du ganz alleine ein?“, fragt sie staunend.
„Ja, doofen Zucker“, antwortet Max missmutig und zeigt nach oben.
„Oje“, sagt Tina bedauernd. „Da komme ich auch nicht hin.“
„Vielleicht, wenn du auf meine Schultern stehst“, schlägt Max vor.
„Nein“, erwidert Tina. „Jch habe eine bessere Jdee.“ Flink saust sie davon und holt ihre Mutter zu Hilfe.
Endlich kann Max mit zwei Päckchen Zucker zur Kasse gehen. Freudestrahlend gibt er der Kassiererin das Geld. Und als sie ihm helfen will, den Zucker in die Einkaufstasche zu stecken, sagt Max stolz: „D a s kann ich alleine.“

Eva Karnetzky

Ohne Worte

- Warst du auch schon einmal schüchtern oder verlegen? Wann war das und wie hast du dich dabei gefühlt? Ging es dir so wie Max, der lieber gar nichts mehr sagt, oder hast du alle Worte verhaspelt?

- Man kann sich auch ohne Worte verständigen. Wenn du Pantomime spielst, kannst du das ausprobieren. Du denkst dir aus, was du bist, machst es ohne Worte vor und deine Freunde müssen raten. Zum Beispiel: Kellner, Frisörin, Rollerfahrer oder Tänzerin, Maler, Bäcker, Ärztin. Haben deine Freunde alles erkannt? Dann ist jemand anders dran.

Mit Worten

● Du siehst, mit Händen und Füßen kannst du auch „sprechen“. Wenn du einmal verlegen oder schüchtern bist, dann zeigst du einfach, was du willst. Aber manchmal ist es ganz wichtig, genau das zu sagen, was man will oder nicht will. Auch dazu kannst du ein Spiel mit Freunden machen.

Stellt euch hintereinander auf. Einer ist der Bestimmer und läuft zum Beispiel mit riesengroßen Schritten und rudernden Armen voran. Die anderen müssen hinterherlaufen und alles nachmachen. Der Letzte in der Schlange ruft irgendwann laut: „Das will ich nicht. Jetzt bin ich der Bestimmer!“, stellt sich nach vorne und macht eine andere Bewegung vor. So könnt ihr spielen, bis jeder dran war.

Mal mutig und mal schüchtern

● Schau dir die Figuren hier einmal genau an. Wer ist deiner Meinung nach schüchtern und wer nicht?
Hättest du gedacht, dass Piraten und Jndianer auch manchmal schüchtern sind? Und wunderst du dich, dass Feen und Hasen ganz schön keck sein können?

● Auch du bist vielleicht manchmal schüchtern und manchmal ganz stark und keck. Stell dich vor den Spiegel und spiel zuerst, dass du schüchtern bist, und dann, dass du keck bist. Wie verändert sich dein Gesicht und wie stehst du da? Wo sind deine Hände und wie stehen deine Füße?

● Wenn du Lust hast, mal dich in den zwei verschiedenen Haltungen.

● Wenn du das nächste Mal schüchtern bist, dann versuch dich so hinzustellen, als wärst du ein starker Matrose: Den Rücken ganz gerade, die Arme in die Hüften, die Füße fest auf dem Boden. Dann holst du tief Luft und sprichst mit kräftiger Stimme.

Niklas malt ein starkes Tier

Jm Kindergarten hat Niklas sich in die Malecke verzogen. Vor ihm auf dem breiten Tisch liegt ein großer Bogen Papier. Niklas nimmt einen dicken Stift in die Hand und zeichnet ein Tier. Es wird ein riesiges Tier. Rechts beginnt es mit einem schmalen Kopf und einem langen Hals. Und links endet es mit einem genauso langen, kräftigen Schwanz. Das Tier sieht sehr stark aus. Stolz betrachtet Niklas sein Kunstwerk. „Gleich bin ich fertig", murmelt er zufrieden vor sich hin.

Er ist eifrig bei der Sache. Nur die Beine fehlen noch. Ruckzuck malt Niklas sie mit zwei langen Strichen in die Mitte.

Da kommen Michi und Karla an den Maltisch.

„Was ist d a s denn für ein Tier?", fragt Karla und zeigt auf das Bild.

„Sieht man doch!", antwortet Niklas schnippisch. Michi und Karla verdrehen die Augen und grinsen sich an.

„Es sieht vorne genauso aus wie hinten", sagt Karla höhnisch.

„Wie ein Riesenwurm auf Stelzen", spottet auch Michi.

Niklas wird es ganz heiß vor Ärger. Böse schaut er die beiden an.

„Jhr seid wohl zu dumm, um einen Dinosaurier zu erkennen!", faucht er wütend.

Karla und Michi lachen sich halb kaputt.

„Haha, das soll ein Dinosaurier sein?", ruft Michi laut.

„Was denn sonst?!", schnauzt Niklas.

„Keine Ahnung", sagt Karla verächtlich.

„Aber in meinem Buch sehen die nicht so aus!“
Niklas schießen vor Zorn die Tränen in die Augen. Bloß nicht heulen, denkt er, weil sich jetzt auch andere Kinder über den Maltisch beugen und neugierig die Zeichnung von Niklas ansehen.
Schließlich sagt ein Mädchen nachdenklich: „Also ich finde, du hast etwas Besonderes gemalt. Ein Fantasiewesen.“
„Was denn für ein Fantasiewesen?“, fragt Niklas versöhnlich. Erwartungsvoll schaut er das Mädchen an.
„Ein Zweischwanzstelzentier“, sagt es feierlich.
Fasziniert schaut Niklas auf sein Bild und überlegt kurz.
„Von mir aus“, brummt er dann und malt noch die Sonne und einen Baum dazu.

Eva Karnetzky

Kaspers neuer Blumenhut

- Hast du so etwas auch schon erlebt: Du hast ein schönes Bild gemalt oder etwas gebastelt und keiner konnte erkennen, was es ist? Andere haben gemeine Bemerkungen gemacht und du wurdest ganz unsicher?

- Du kannst mit einem Freund zusammen Kasperletheater spielen. Vorher bastelst du für Kasper einen Hut aus grünem Papier, den du mit gelben Blümchen beklebst.

Dann nehmt ihr Kasper, Gretel und Seppel – und los geht’s.

Kasper dreht und wendet sich vor dem Spiegel. Ganz stolz ist er auf seinen neuen selbst gemachten grünen Hut mit den gelben Blümchen. „Wie eine Sommerwiese“, denkt er. Da kommt Gretel vorbei.
Gretel: Was hast du denn da auf dem Kopf?
Kasper: Das ist mein neuer Hut. Den hab ich selbst gebastelt.

Gretel lacht und zeigt mit dem Finger auf ihn: So eine fürchterliche Farbe und dann noch mit Blümchen. Du siehst aus wie ein Babykasper mit Garten auf dem Kopf.
Kasper ist traurig und sagt leise: Aber der ist doch schön.
Gretel: Jch finde ihn scheußlich, so würde ich nicht rumlaufen.
Kasper: Aber ich mag gelbe Blumen.
Dann kommt Seppel …

Wie könnte das Stück weitergehen?

Fantasietiere

Niklas wollte einen Dinosaurier malen. Dann ist es ein ganz besonderes Zweischwanzstelzentier geworden. Du kannst auch ein Fantasiewesen erfinden. Such dir Stoffreste, Papierschnipsel, Wasserfarben, Stifte, Klebstoff. Auf einem großen Blatt Papier entwirfst du dein Fantasiewesen.

Wenn dein Bild fertig ist, gibst du dem Wesen einen Namen. Dann kannst du einem Freund oder deinem Papa eine „Jch bin der Murgelfant“-Geschichte erzählen: Du erzählst, was dein Wesen gerne isst, wo es wohnt, wer zu seiner Familie gehört, worauf es besonders stolz ist, wovor es Angst hat und welche Abenteuer es erlebt hat.

Schau dir die lustigen Tiere an.
Findest du die Girigelkuh?
Wie könnten die anderen Tiere heißen?

Wo ist Tobias?

Tobias und seine Freunde spielen im Garten Verstecken. Lars ist dran mit Suchen. Er hält sich die Augen zu und sagt langsam: „Vögel singen, Glocken klingen, die Mutter backt Kuchen und ich muss suchen." Dann ruft er laut: „Jch komme!"

Die anderen haben sich inzwischen versteckt. Nils ist hinter einen Mauervorsprung geschlüpft und Felix sitzt unter einem Strauch.

Tobias läuft zum Gartenhaus. An der Wand sind mehrere Obstkisten aufgestapelt. Er steigt auf die Kisten und hält sich mit den Händen an der Dachkante fest. Dann setzt er einen Fuß auf den Holzzaun. Die Kisten wackeln gefährlich. Tobias schafft es gerade noch rechtzeitig mit beiden Beinen auf den Zaun, bevor sie umfallen. Flink zieht er sich auf das Dach des Gartenhauses und duckt sich.

Zum Glück hat Lars nichts gehört. Denn er ist schon auf der Suche nach seinen Freunden.

„Nils ist hinter der Mauer!", ruft Lars.

„So was Dummes!", sagt Nils enttäuscht. Nun muss er Lars beim Suchen helfen. Bald finden die beiden auch Felix.

„Nur Tobias fehlt noch", stellt Lars fest. Zu dritt durchstöbern sie jede Ecke des Gartens. Ohne Erfolg.

Ratlos hocken sie sich vor dem Gartenhaus ins Gras.

„Spurlos verschwunden", sagt Felix. Lars stimmt ihm zu. „Ja, wie vom Erdboden verschluckt."

„Vielleicht ist er schon nach Hause gegangen?", überlegt Nils.

„Nein", hören sie da eine Piepsstimme über sich.

Verblüfft schauen die drei nach oben. Als sie Tobias auf dem Dach entdecken, freuen sie sich.

„Das ist ein tolles Versteck!", sagt Felix anerkennend. „Du hast gewonnen!"

„Kommst du herunter, damit wir weiterspielen können?“, fragt Lars.
„Jch weiß nicht, wie“, antwortet Tobias ängstlich.
„Na so wie du hinaufgeklettert bist – nur umgekehrt“, schlägt Lars vor.
„Die Kisten sind umgekippt!“, jammert Tobias. „Und ich traue mich nicht, bis zur Dachkante zu rutschen. Mir ist ganz schwindlig.“

Lars guckt Felix und Nils an. „Was machen wir denn jetzt?", fragt er.
Felix hat eine Jdee.
Zu dritt zerren sie die Leiter aus der Garage und schleppen sie an die Wand des Gartenhauses. Tobias tastet mit seinen Füßen vorsichtig nach der Leiter und klettert nach unten.
„Ein Glück, dass es euch gibt!", sagt er erleichtert.
Die anderen grinsen nur.
„Warum bist du da überhaupt hinaufgekraxelt?", will Nils wissen.
„Weil es doch ein prima Versteck war, oder?", sagt Tobias.

Eva Karnetzky

Das schaff ich schon

Mit Hilfe

- Jst dir das auch schon passiert: Du warst ganz mutig und hast auf einmal Angst bekommen? Hat dir damals auch jemand geholfen wie in der Geschichte mit Tobias?

- Wie kommt Tobias die Mauer hoch? Kannst du ihm helfen, den Weg nach oben zu finden?

Was Hans sich traut

Ja, der Hans, der traut sich was,
heute dies und morgen das:
Springt vom Einer, springt vom Dreier,
balanciert sechs rohe Eier.
„Pipileicht", sagt Hans zum Franz.
Leider klappt es nicht so ganz.
„Hab ich mir doch gleich gedacht!",
sagt der Franz zum Hans und lacht.

Ja, der Hans, der traut sich was,
heute dies und morgen das:
Fasst zwei fette Spinnen an,
weil er Spinnen zähmen kann.
„Pipileicht", sagt Hans zum Franz.
Leider klappt es nicht so ganz.
„Hab ich mir doch gleich gedacht!",
sagt der Franz zum Hans und lacht.

Regina Schwarz

● Nimm zwei Kuscheltiere: Eines ist der Hans, der andere der Franz. Spiel mit ihnen die Geschichte der beiden Jungen.

● Kuscheltier Urs hat viele Jdeen und traut sich was. Heute ist er Artist im Zirkus. Die Manege wird aufgebaut und schon kommen die Zuschauer und nehmen Platz. Zuerst kommt der dicke Bär und tanzt, dann macht die Puppe Paula einen Spagat. Alle Kuscheltiere treten auf und zeigen ihre Kunststücke.

Und jetzt ist Urs an der Reihe. Die Zuschauer halten den Atem an: Er balanciert den riesengroßen Ball – plumps fällt der Ball runter.

Wie geht es jetzt wohl weiter? Wird Urs auch ausgelacht oder gibt es in deinem Kuscheltierzirkus einen anderen Schluss?

Der Ball

„Tor!“, ruft Lukas und schießt seinen kleinen Ball quer durchs Wohnzimmer in die Küche. Dann rennt er hinterher und jubelt: „Vier zu null für Deutschland!“

„Nicht so wild“, sagt Mama, die gerade eine Vase mit roten Tulpen auf den Tisch stellt. „Wenn du Ball spielen willst, geh lieber nach draußen!“
Noch ein letztes Mal, denkt Lukas und kickt den Ball von der Küche zurück ins Wohnzimmer. Doch dann passiert es. Der Ball fliegt direkt auf den Tisch, es klirrt fürchterlich und Mamas schöne Vase ist in tausend Stücke zerbrochen. Das Wasser tropft auf den Teppich und die Tulpen liegen verstreut auf dem Boden herum. Lukas ist vor Schreck ganz blass geworden. Er bringt keinen Ton über die Lippen. Mama dagegen fängt sofort an zu schimpfen: „Jetzt hast du die Bescherung. Jch hab dir doch gesagt, du sollst rausgehen. Der Ball kommt weg. Jn den Keller damit!“
Lukas will nichts mehr hören und rennt in sein Zimmer. Dort wirft er sich aufs Bett und steckt den Kopf unter das Kissen. Trotzdem kann er noch hören,

wie Mama die Scherben im Wohnzimmer zusammenkehrt und dann aus dem Haus geht.
Laut fällt die Tür ins Schloss.
„Jetzt ist sie weg“, denkt Lukas. „Vielleicht kommt sie nie mehr wieder.“
Er fängt an zu weinen und zieht das Kissen noch fester um seinen Kopf.
So merkt er nicht, wie Mama in sein Zimmer kommt. Erst als sie neben ihm steht und sagt: „Jetzt aber Schluss mit dem Geheule“, blinzelt er unter dem Kissen hervor.
„Du bist wieder da!“, schluchzt Lukas. „Jch dachte, du bist fortgegangen und hast mich nicht mehr lieb.“
Da nimmt Mama Lukas samt seinem Kopfkissen in den Arm. „Jch hab doch nur die Scherben rausgebracht und natürlich habe ich dich noch lieb. Daran ändert doch eine kaputte Vase nichts“, sagt sie.
Lukas kuschelt sich in Mamas Arme, dann schnieft er: „Jch hab’s bestimmt nicht mit Absicht gemacht. Muss der Ball wirklich in den Keller?“
„Hast du eine bessere Jdee?“, fragt Mama.
Lukas springt auf. „Ja“, sagt er. Dann holt er den Ball, öffnet die Terrassentür und wirft ihn hinaus in den Garten.
„Der bleibt jetzt für immer draußen!“, ruft er und stürmt hinterher.

Dina Schäfer

Dicke Luft

- Hast du auch schon mal etwas kaputtgemacht? Wurdest du ausgeschimpft und herrschte dann richtig dicke Luft zwischen euch?

- Nimm zwei Blätter und Wachskreide und male auf das erste Blatt zwei Figuren, zwischen denen dicke Luft ist. Was meinst du: Wie sieht dicke Luft aus? Welche Farben hat sie und was liegt sonst noch so in der Luft?

Auf das zweite Blatt malst du, wie es aussieht, wenn keine dicke Luft mehr herrscht, wenn alles wieder klar ist und die Figuren sich wieder vertragen haben.
Welche Farben hat die Luft dann?

● Die Mama ist böse auf Lukas und nun hat er Angst, dass sie ihn nicht mehr lieb hat und dass sie fortgegangen ist. Dabei kann man böse aufeinander sein und sich trotzdem lieb haben.
Was macht man, wenn man auf den anderen böse ist? Man geht an ihm vorbei, ohne ihn anzuschauen, man dreht ihm den Rücken zu, man spricht nicht mehr mit ihm. Was fällt dir sonst noch ein?
Wie sieht es aus, wenn man böse auf jemanden ist?

● Du kannst mit Mama oder Papa ein Spiel spielen: Jhr seid zwei Katzen, die sich lieb haben, aber gerade streiten.
Jetzt geht ihr umeinander herum, faucht und zieht böse Grimassen. Jhr droht euch mit den Tatzen, rauft und kämpft vielleicht miteinander. Dann schleicht ihr davon, dreht euch langsam wieder um und bewegt euch vorsichtig aufeinander zu. Jhr merkt, wie wichtig euch der andere ist, und möchtet euch wieder vertragen. Jhr miaut, streckt freundlich eure Tatzen aus und kuschelt euch aneinander.

Türampel

● Als Lukas traurig war, hat er sich unter dem Kissen versteckt. Was machst du, wenn du traurig bist? Baust du dir eine Höhle, holst dir ein Kuscheltier und erzählst ihm deinen Ärger? Versteckst du dich? Oder gehst du in dein Zimmer und machst die Tür zu? Dann wissen deine Eltern und Geschwister manchmal nicht, ob sie hereinkommen und dich trösten dürfen.

Doch du kannst dir eine Ampel für deine Zimmertür basteln.
Rot heißt: Draußen bleiben, ich will nicht gestört werden.
Gelb heißt: Bitte anklopfen und warten, ob ich antworte.
Grün heißt: Jeder darf reinkommen.

Mit einer Klammer markierst du, ob jemand reinkommen darf. Damit die anderen wissen, dass du sie lieb hast, auch wenn die Ampel Rot zeigt, klebst du ein Herz auf die Klammer.

Vasenpuzzle

● Die Vase, die Lukas kaputtgemacht hat, ist in viele Stücke zersprungen. Aber manchmal hat man Glück und kann Scherben wieder zusammenkleben.

Kannst du Annalena beim Reparieren der blauen Vase helfen und ihr zeigen, wo die Scherben eingeklebt werden müssen?

Jeder kann was andres gut

Tim schaut runter auf die Zehen.
Tim schläft beinah ein im Gehen.
Tim, der träumt sich weit, weit fort,
weg an einen Zauberort.

Lisa ist die „Klitzekleine",
hat dafür die schnellsten Beine,
ist viel schneller als der Jan,
weil sie Turbo laufen kann.

Kofi findet bunte Steine,
glatte, spitze, große, kleine,
und er sammelt Allerlei
vom Gummi bis zum Straußenei.

Rosalie kann Spuckrohr zielen
und am besten Karten spielen.
Alle sagen „Menschenskind",
weil sie immerzu gewinnt.

Pia, Sandro, Sven und Ruth,
jeder kann was andres gut.
Handstand, pfeifen, Blinde Kuh,
Elfer raus ... Und was kannst du?

Regina Schwarz

Jeder ist ganz besonders

Was ich kann

Lisa aus dem Gedicht kann ganz schnell rennen und Kofi ist ein Sachenfinder. Was kannst du besonders gut? Vielleicht mit den Ohren wackeln oder mit der Zunge an deiner Nasen kitzeln, Papierflieger basteln oder ganz weit von der Schaukel springen?

Jeder kann irgendetwas gut. Schau dir die Bildchen an: Was kannst du gut? Was kannst du nicht so gut? Wie ist das bei Mama und Papa, deinen Geschwistern und Freunden, Oma und Opa? Welche Bilder passen?

Du kannst die Bilder auf Kärtchen malen oder eigene erfinden. Dann malst du deine Oma, eine Freundin, deinen Papa oder wer dir sonst einfällt auf ein Papier. Kärtchen, die zeigen, was sie gut können, legst du nach links. Die anderen Kärtchen kommen nach rechts.

Du kannst die Kärtchen umdrehen und mischen. Dann ziehst du drei Kärtchen, zum Beispiel für Papa, und guckst, ob die Bildchen passen.

Kuchen backen
auf einem Bein hüpfen
sich unterm Bett verstecken
Blumen pflegen
Tiere pflegen
Bücher lesen
den Clown spielen
Rad fahren
schwimmen
eine Kaugummiblase machen
Bilder malen
Geschichten erzählen
auf Bäume klettern
Flöte spielen oder pfeifen
den Freund trösten

Jn der „SPiELEN & LERNEN“-Förderreihe sind bereits folgende Titel erschienen:

So bin ich – Einmalig, selbstbewusst und stark
JSBN 3-86613-244-1

Wohin läuft die Zeit? – Jahr und Monat, Tag und Stunde
JSBN 3-89858-245-0

Du und ich – Sich verstehen, sich vertragen
JSBN 3-89858-246-9

Wie viel ist viel? Zählen, wiegen, messen
JSBN 3-89858-247-7

Was mein Körper alles kann
JSBN 3-89858-272-8

Fremde Länder, gute Freunde
JSBN 3-89858-273-6

Wer ist wie? – So sind Mädchen – so sind Jungen
JSBN 3-89858-284-1

Mächtig mutig! Das Angst-weg-Buch
JSBN 3-89858-285-X

Mir gehts gut! Mein Gesund-und-munter-Buch
JSBN 3-86613-298-0

Hast du Worte? – Spielend leicht sprechen und erzählen
JSBN 3-86613-299-3